La France au Tonkin

UNE SOLUTION

PAR

ED. IMHAUS

Prix : 50 centimes

PARIS

NOUVELLE LIBRAIRIE PARISIENNE

ALBERT SAVINE, ÉDITEUR

12, rue des Pyramides

1892

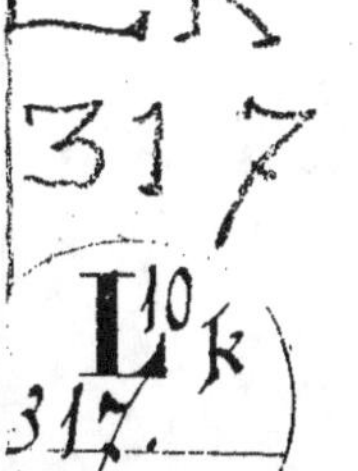

LA FRANCE AU TONKIN

UNE SOLUTION

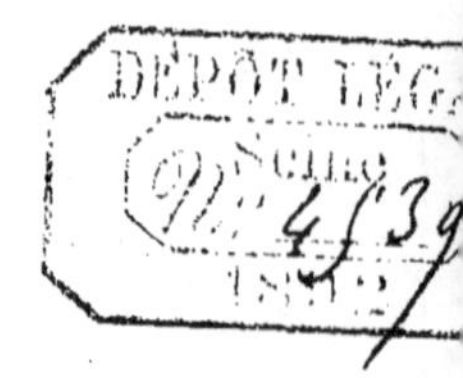

En 1874, l'Annam était vassal de la Chine, et les troupes chinoises occupaient le Tonkin, qui relevait de l'Annam.

L'amiral Dupré, gouverneur de la Cochinchine, conclut de sa propre autorité, en mars 1874, avec l'Annam, un traité de protection qui fut sanctionné par le ministère et ratifié par la Chambre, en juillet de la même année.

C'est donc à la marine que revient l'initiative de l'affaire du Tonkin.

Un conflit avec la Chine, par suite des positions occupées, devait éclater à brève échéance, mais on s'en préoccupa peu.

Quand, en 1880, on vit poindre le désaccord, quand on le vit s'accentuer de 1881 jusqu'à juin 1883, où la mort de Rivière nous mettait en état de guerre, on ne cessa de traiter la Chine de « quantité négligeable ». On semblait croire qu'on irait encore à Pékin avec 7.000 hommes, comme vingt ans auparavant. Quelques esprits chagrins avaient bien observé que les temps étaient changés et que la Chine était devenue une puissance militaire, soutenue et armée par nos ennemis qui, naturellement, nous encourageaient d'un autre côté à aller de l'avant. On répondit à ces gens timorés et peu éclairés par de grandes phrases, qui réussissent toujours à enlever le vote de la majorité.

« L'Angleterre s'est constitué l'empire des Indes; nous

devons, nous aussi, avoir notre empire colonial de l'Indo-Chine. Le Tonkin est une affaire magnifique, le Tonkin est la grande route qui conduit à la Cochinchine. Pour garder celle-ci, il faut donc prendre le Tonkin. »

On entend encore l'éloquente péroraison :

« Confiants dans la valeur de nos vaillantes troupes et le patriotisme de nos habiles généraux pour sauvegarder l'honneur et la gloire du drapeau français... »

(Triple salve d'applaudissements.)

Il est curieux de lire les raisons qui furent mises en avant, rapportées par un témoin impartial (*l'Affaire du Tonkin,* par un diplomate).

« La possession du marché du Tonkin et de l'Annam, l'ouverture de débouchés nouveaux et privilégiés, la mise en exploitation d'un pays riche, un point d'appui et de ravitaillement pour notre marine, un stimulant pour notre commerce et notre industrie; l'avantage de faire contrepoids à l'influence anglaise, de nous créer des titres en Orient et d'affirmer par un acte de vigueur notre volonté de reprendre le rang qui nous convient parmi les nations. »

Que de mots ajoutés les uns au bout des autres !.., Et quel marché !...

C'est ainsi qu'on est arrivé à la mort de Rivière (19 mai 1883); et deux ans plus tard à la retraite de Lang-Son (mars 1885), après la mise hors combat du général de Négrier, blessé, et du colonel Herbinger qui ne l'était pas.

Le Parlement, à ce moment, commença à s'émouvoir et à se demander ce qu'était le Tonkin? Il y avait dix ans qu'il ratifiait tous traités et engagements. Il s'était lancé dans cette entreprise sans en connaître les avantages et les dangers. L'honneur du drapeau était engagé et on ne pouvait plus reculer.

Que valait donc cette colonie? que devait-elle coûter? qu'était-ce que la Chine?... La France avait-elle enfin les moyens de faire les sacrifices jugés nécessaires, alors qu'elle était obligée de concentrer toutes ses forces en Europe en prévision d'une guerre toujours imminente?

On finissait par où on aurait dû commencer.

Il est vrai qu'il ne s'agissait là ni d'union des centres, ni d'extrêmes gauche ou droite, etc.... mais de la Chine, « facteur négligeable » qui devait nous coûter 600 millions et bien des milliers de bons et braves Français.

On fut stupéfait du résultat de l'enquête de la commission parlementaire. (Session extraordinaire de 1885.)

La déposition de l'amiral Duperré, confirmée par d'autres personnes qui n'avaient cessé depuis plusieurs années de prêcher dans le désert, fut naturellement traitée de partiale et de pessimiste. Il est bon d'en rappeler, sept années plus tard, un ou deux passages :

« Quant à moi, je vois de tels dangers, des difficultés tellement inextricables à l'occupation du Tonkin, j'ai une conviction si profonde que nous n'aurons jamais là des relations stables avec la Chine et l'Annam, que je vous engage à trouver, pour en sortir, une solution honorable.

» Ce n'est pas commode, j'en conviens, mais ce n'est pas impossible. Seulement il faut des négociateurs habiles et on ne doit pas faire deux ou trois traités qui se succèdent. Il est indispensable de savoir ce que l'on veut et le poursuivre résolûment. »

Et plus loin, la commission lui dit qu'on estime le revenu des douanes, de l'impôt et de la ferme de l'opium à une somme annuelle de cent à cent cinquante millions !

« Ce n'est pas le protecteur qui établit l'assiette de l'impôt, c'est le protégé. Vous ne ferez pas de l'Annam un pays ordonné au point de vue financier. Les Annamites sont pauvres ; ils n'ont rien. Si vous vous substituez au gouvernement de Hué, dans l'établissement de l'assiette de la perception de l'impôt, ce n'est pas un protectorat, c'est une annexion. Le produit des douanes est à peu près nul. Les caisses des impôts sont vides. A moins de vous substituer complètement aux protégés, le Tonkin ne peut vous offrir aucune garantie financière ; mais alors, vous êtes des annexionnistes et non des protecteurs. »

Or, il l'a assez prédit, la Chine et l'Annam ne veulent pas de notre occupation.

Une des dépositions considérées comme favorables au gouvernement fut celle de M. Le Myre de Vilers.

« Le Tonkin, dit-il en conclusion, c'est cinquante mille hommes à y entretenir et cent millions à dépenser par an. Il faut compter, de plus, cent vingt millions de mise de fonds... Or, ajoutait-il, le projet n'est-il pas trop grandiose, étant donné l'état de l'Europe, les dispositions du pays et notre situation financière? »

Nous sommes en 1892, et le Tonkin produit tout au plus dix-sept millions, au prix des plus grands sacrifices.

Le gouvernement voudrait-il, pour une fois, publier ce que nous coûte cette sanglante colonie depuis son origine, en hommes tués tant par le feu que par les maladies, sans oublier ceux qui viennent mourir en France, et les blessés ou estropiés pour la vie? Peut-on faire le compte enfin de ce que cette possession *magnifique* a enlevé à notre matériel de guerre et de marine, en dehors des *virements* et crédits absorbés annuellement?

Aujourd'hui, nous nous trouvons en présence d'une population minimum de seize millions d'habitants, dont une partie a toujours vécu de piraterie et ne compte nullement modifier ses mœurs, et dont une autre partie poursuit contre nous une guerre d'indépendance patriotique.

Nous ne pouvons même pas avoir confiance dans le souverain actuel, qui pourtant nous doit son trône. La mauvaise foi annamite ne le cède en rien à la duplicité du Céleste-Empire.

Nous sommes, de plus, les voisins d'une puissance de quatre cent quatre millions d'habitants, dont une partie, estimée à quatre-vingts millions, est de race tartare, c'est-à-dire de mœurs belliqueuses.

Par les progrès que la Chine a réalisés depuis l'expédition anglo-française de 1860, on peut juger de ce qu'elle pourra faire à courte échéance. Il est impossible qu'elle devienne un jour une menace pour l'Europe, comme on l'a prétendu. Elle aurait à briser d'abord la barrière que lui oppose la race slave, qui lui est supérieure, mais quand elle aura assuré l'approvisionnement de son immense population par le développement de ses richesses industrielles et agricoles, l'extension de ses voies de communication et la création de chemins de fer, et qu'elle possèdera une flotte proportionnée à sa puissance, il est probable qu'elle ne permettra plus aux Européens d'occuper ses ports et qu'elle étendra ses revendications sur tous les pays qui ont été ses vassaux ou même sur ceux qui sont envahis lentement, chaque jour, par ses sujets. Il ne serait pas surprenant qu'elle s'étendît de la frontière de l'Inde et de la Russie jusqu'à l'extrémité des pays Malais, qu'elle est en train de peupler rapidement.

A ce moment, ce ne sera pas seulement l'Annam, la Cochinchine et le Cambodge, mais encore les possessions anglaises de la péninsule malaise et les colonies hollandaises, déjà peuplées aujourd'hui par les travailleurs et négociants chinois, qui seront sérieusement menacées.

Nous pouvons juger de ces aspirations futures par ce qui s'est passé pour nous dans ce Tonkin, qui a réveillé les convoitises latentes du gouvernement du Céleste-Empire.

La Chine ne peut se résoudre à la perte de ces provinvinces, qui étaient ses vassales et qu'elle regarde toujours comme des dépendances naturelles. Elle a besoin, pour sa nombreuse population et son étendue de territoire, d'un développement proportionnel de côtes. Le Tonkin et l'Annam lui sont tout d'abord désignés. A défaut d'une occasion — qu'elle attendra — (telle qu'une guerre européenne ou des troubles intérieurs), elle n'a même qu'à laisser faire le temps. Sa force augmente tous les jours. Elle est chez elle... Nous ne nous trouvons malheureusement pas dans les mêmes conditions et nous avons tout à redouter d'un prochain conflit avec la Chine.

La dernière guerre du Tonkin n'a servi qu'à lui inspirer une plus grande confiance dans ses forces. Nous étions en retraite quand l'armistice a été signé, et tous ceux qui ont pris part à cette campagne ont pu se rendre compte que ces Chinois, qu'on avait toujours traités si dédaigneusement, ont été de durs combattants. Que sera-ce quand leurs cadres seront complets et auront reçu une forte instruction ?

Il faut rappeler que nous avions envoyé au Tonkin nos meilleures troupes : l'infanterie de marine, toujours la première au feu, — corps d'élite rompu au climat, précisément par le tribut qu'elle ne cesse de payer aux maladies et épidémies ; l'artillerie de marine, à laquelle on doit décerner les mêmes louanges ; ensuite, nos admirables troupes d'Afrique, si bien entraînées, composées des zouaves, de la légion étrangère, des bataillons d'Afrique, etc. On avait, enfin, complété ce bel effectif avec des volontaires et des bataillons de choix partis de France.

Il fallait donc que nous fussions en présence d'un ennemi d'une certaine valeur (en dehors de l'avantage que lui donnait le nombre), pour aboutir, avec de tels éléments, à la retraite de Lang-Son.

C'était le vice-roi de Canton qui soutenait cette campagne avec ses seules ressources. Pour que la Chine, placée dans ces conditions avantageuses, ait accepté, au moment où ses troupes avaient repris l'offensive, un armistice qui la conduisait à un traité défavorable, elle avait évidemment une raison d'une importance majeure, indépendante du sort des armes : ce fut l'élévation du prix du riz, déterminée par le blocus de l'amiral Courbet, qui avait déclaré le riz contrebande de guerre.

C'est à l'amiral Courbet que nous sommes redevables de la fin de cette triste guerre, si coûteuse en hommes et en argent, et si inutile. Il avait compris que les opérations engagées à Kélung d'abord, à Formose ensuite, sur les instructions du gouvernement, ne pouvaient être d'aucun effet sur la Chine. (M. de Giers les comparait à *des piqûres de mouches sur le dos d'un éléphant*.)

L'amiral ne cessait de demander l'autorisation d'agir dans le Nord, contre Port-Arthur et Vaï-Haï-Vaï, en bloquant le Pet-Chili. Il démontrait que c'était dans ses approvisionnements qu'il fallait frapper un pays de si formidable population. Ses idées furent enfin acceptées par le gouvernement.

L'Angleterre, toujours gracieuse et amicale pour nous, avait, le 23 janvier, pris le parti de se conformer aux règles de la neutralité, c'est-à-dire qu'elle nous fermait ses ports, nous empêchant d'y faire du charbon ou de réparer nos bateaux. En revanche, elle nous refusait de reconnaître l'assimilation du riz aux contrebandes de guerre.

Ses armateurs pouvaient y perdre quelques livres sterling, et elle avait le regret de nous voir, par cette mesure, amener rapidement la Chine à composition. Elle ne comprenait pas encore, à ce moment, que tous les intérêts européens étaient solidaires, en Chine.

Pendant qu'elle faisait ses réserves et qu'on discutait entre Paris et Londres, l'amiral Courbet agissait. Il mit sous séquestre les navires neutres, chargés de riz, qu'il put capturer. Cette denrée monta immédiatement de prix en Chine. La disette s'entrevit menaçante. Les caisses des douanes se vidaient. Avec la disette, devenaient aussi nécessaires les mesures de rigueur pour la rentrée des impôts. C'était une perspective d'émeutes et peut-être de révolution. La cour de Pékin s'émut, car le péril était autrement grave pour elle que l'expédition soutenue au Tonkin, avec ses bonnes ou mauvaises fortunes.

L'Angleterre entrevit-elle enfin le danger que devraient courir ses propres établissements de Hong-Kong, Sanghaï et Canton, si — l'expédition du Tonkin se prolongeant et des échecs comme celui de Lang-Son se renouvelant — la Chine prenait confiance dans ses forces ?

Si nos ennemis avaient su, après l'abandon de Lang-Son, profiter du désarroi produit, quelles pouvaient, en effet, en être les conséquences ?

Cette communauté d'intérêts seule était capable de faire taire la jalousie séculaire de la Grande-Bretagne à l'égard de nos colonies. Les propositions de paix qui nous étaient venues jusqu'alors de la Chine, par son intermédiaire, avaient été inacceptables. Cette fois, ce fut certainement avec son assentiment que sir Robert Hart, inspecteur général des douanes chinoises, jouissant de la plus grande influence à la cour de Pékin, s'entremit et envoya à Paris sir Campbell. La paix fut signée. Nous renoncions à l'indemnité réclamée après le guet-apens de Bac-Lé. La Chine s'engageait à évacuer le Tonkin.

Le ministère Ferry tombait, au même instant, sous le contre-coup de la retraite de Lang-Son. Où étaient-ils donc, à ce moment, tous ces amis politiques de M. Jules Ferry, qui étaient pourtant solidaires de ses actes, puisqu'ils n'avaient cessé de l'approuver et de l'encourager dans cette aventure depuis des années? La plupart l'abandonnaient aussi facilement qu'ils l'avaient poussé en avant (*).

(*) Si M. Jules Ferry s'est trompé au Tonkin, il faut rappeler que c'est à lui que revient tout l'honneur d'une de nos plus belles conquêtes coloniales, la Tunisie, effectuée si heureusement et pacifiquement.

Ils ne soutenaient plus leur thèse que le Tonkin était *une affaire magnifique,* constituant des débouchés, etc. (voir les *phrases* citées au commencement). Leur argumentation était réduite à l'honneur du drapeau : « On ne pouvait plus se retirer, on était trop engagé ! » Comme si ce n'était pas leur ignorance qui nous avait conduits là. Cette déduction prouvait ce qu'était « l'affaire magnifique ».

Tout se résume par une question de *Doit* et *Avoir,* en matière coloniale. On doit savoir s'abstenir quand, bien loin d'avoir des excédents budgétaires, il faut chaque année combler des déficits.

On semble malheureusement vouloir dissimuler l'importance du danger que présente pour nous le voisinage de la Chine. On dit qu'elle accepte les faits accomplis. On parle de ses divisions intérieures, mais on oublie que tous ses dissentiments disparaissent dès qu'il s'agit de s'unir contre l'Européen, pour lequel le Chinois professe un mépris et une hostilité suprêmes.

Nons avons expérimenté cependant, en 1870, avec l'Allemagne, comment les luttes intestines disparaissent devant un ennemi national. Chez nous-mêmes, y a-t-il des partis, le jour où il s'agit de la défense nationale?

La Russie et l'Angleterre, dit-on, peuvent avoir avec la Chine les mêmes difficultés de frontières. Mais la Russie est chez elle et a une population qui lui permettra de lutter facilement. Quant à l'Angleterre, elle est en dehors des complications européennes qui nous préoccupent et dispose, par suite, de ressources que nous n'avons pas Elle a, de plus, soumis des populations presque aussi nombreuses que celles de la Chine et qu'elle pourra toujours facilement lui opposer. Enfin la Chine n'a pas les mêmes raisons pour s'avancer de son côté. Elle n'a jamais eu de suzeraineté sur l'Inde et la Birmanie, et ces races qui diffèrent autant des siennes que celles de l'Annam lui ressemblent, sont trop denses pour laisser aucune place à la forte émigation.

Ses efforts sont donc tournés en ce moment du côté du Tonkin, de l'Annam et de la Cochinchine. C'est là qu'elle trouvera ports qui lui sont nécessaires.

Pour atteindre ce but, elle essaie de nous empêcher de nous établir et de nous fortifier au Tonkin. Elle nous fait une guerre sourde en favorisant la piraterie et n'exerçant aucune surveillance sur sa frontière. Ses territoires limitrophes du Tonkin n'ont jamais été astreints à une police rigoureuse, et ils le sont aujourd'hui moins que jamais.

Il en résulte que ses pirates, qui opèrent au Tonkin, peuvent rentrer en Chine quand ils le veulent, pour se soustraire à nos poursuites ou écouler les produits de leurs expéditions. Elle en augmente le nombre en licenciant des réguliers avec armes et bagages, ce qui leur tient lieu de complément de solde. Ils n'ont pas besoin d'instructions pour ce qu'il leur reste à faire.

Dans un intéressant ouvrage, publié par le colonel Frey, sur la piraterie au Tonkin, on trouve exposées très nettement la situation et l'organisation de ces bandes.

Il les divise en trois catégories :

La première, celle du Delta, est purement annamite.

La deuxième, celle limitrophe du Delta, est à la fois chinoise et annamite.

La troisième, celle du Haut-Tonkin, est exclusivement chinoise.

La piraterie annamite serait facilement réprimée, tant en raison de son caractère que de la nature du terrain, si elle n'était pas renforcée par les deux autres.

La conclusion est donc que notre véritable ennemi au Tonkin est le Chinois et que nous n'avons aucun espoir d'en venir à bout, tant que le gouvernement de la Chine accordera une neutralité bienveillante et armée à cet ordre de choses.

On conçoit que, dans de telles conditions, il soit impossible de considérer le Tonkin comme une terre d'annexion où nos colons pourront se livrer en toute sécurité au développement du commerce, de l'agriculture et de l'industrie. Il faut renoncer à cette chimère. Il est certain que si l'expédition du Tonkin n'avait jamais été commencée et qu'on vînt la proposer aujourd'hui au Parlement, elle n'y rencontrerait pas la majorité nécessaire. Donc, on la doit à l'imprévoyance ou à l'ignorance de nos gouvernements successifs. Il y a dix ans qu'on annonce, plusieurs fois dans le cours de chaque année, que la pacification est assurée. Et si nous sommes en paix, que serait-ce donc si la guerre était déclarée ? Comme l'hydre de Lerne, les têtes de pirates repoussent plus nombreuses à mesure qu'on les coupe.

Personne, maintenant, ne se laisse plus prendre à des déclarations nécessaires au maintien du ministère et destinées à lui éviter des demandes d'explications. On ne dit plus qu'*il faut conquérir cette colonie parce qu'elle est magnifique,* on se dit : « Nous ne pouvons plus nous en aller. »

Il ne nous reste plus qu'à chercher de quelle façon nous pourrons mettre fin, avec le moins de sacrifices possible, à cet envahissement de la Chine.

Nous n'avons, en somme, qu'un protectorat sur l'Annam (*), et nous ne devons plus y renoncer, pour trois raisons :

1° Parce que le drapeau national, qui n'était nullement en jeu dans les commencements, se trouve réellement engagé aujourd'hui ;

2° Que notre retraite donnerait à la Chine une audace qui deviendrait menaçante pour la Cochinchine ;

3° Qu'une autre nation pourrait enfin prendre notre place, en adoptant la seule solution restée pratique.

Or, l'Angleterre s'est trouvée, au Soudan et en Afghanistan, dans une position analogue à celle que nous avions au Tonkin en 1882 et 1883.

L'Afghanistan lui avait coûté de gros sacrifices en hommes et en argent. Elle s'en est néanmoins retirée sans y laisser pour cela l'honneur de son drapeau.

Elle voulait conquérir ce pays, pour empêcher les Russes de s'y établir, poursuivant un but semblable à celui qui nous guidait au Tonkin. L'Afghanistan devait être, pour la Russie, la grande route des Indes, comme le Tonkin et l'Annam, pour la Chine, la route de la Cochinchine.

Elle a compris à temps son erreur. Une fois voisine de la Russie, le conflit qu'elle redoutait devenait bien plus imminent. Le moindre succès de la Russie, dans cette contrée si indépendante et difficile à garder, ouvrait la porte des Indes.

En conservant à l'Afghanistan sa neutralité, elle en a fait, au contraire, un vrai tampon entre les deux empires. Elle

---

(*) La question de l'Annam est absolument liée à celle du Tonkin.

évitait les incidents de frontière et rendait impossible une agression subite. Ne devant jamais rien avoir à redouter des Afghans, elle avait intérêt à fortifier ce pays contre les ennemis du Nord. Au lieu de s'en faire un adversaire, elle se créait un allié, uni à elle pour toujours par des intérêts communs. Elle mit donc à la disposition de l'Emir ses officiers et son or, fortifia et arma le pays. Elle acquit ainsi, chez ses voisins, une prépondérance qui touche au protectorat.

Sans renoncer à notre protectorat sur le Tonkin et l'Annam, usons de la même politique. La situation n'est pas la même qu'à Madagascar, où les Hovas, n'ayant aucuns voisins puissants et agressifs, n'ont que faire de notre protection. Celle-ci les gêne, est contraire à leur indépendance, et ils ne songent qu'à s'en débarrasser, nous considérant comme des intrus dont ils n'auront jamais besoin.

L'Annam ressentira toujours la nécessité de notre appui moral, matériel et financier pour se défendre contre les envahissements de la Chine. Il acceptera donc comme un bienfait notre protectorat, et nous en tiendra compte par tous les avantages commerciaux ou autres que nous pourrons réclamer au profit de nos nationaux, pourvu que nous ne poursuivions pas l'occupation du sol. Que nous faut-il de plus ?

Nous n'aurions besoin, pour la garantie de nos droits, que d'une garnison solide, concentrée à Hué, qui serait une force de plus pour la défense du territoire.

Il ne nous restera, alors, qu'à constituer une armée indigène, qui prendra notre place au Tonkin pour la répression de cette piraterie dont on ne peut voir la fin.

Cette armée sera organisée et exercée par des officiers volontaires que nous remplacerons facilement dans nos régiments, avec des suppléments de promotions. Quant à l'argent nécessaire, il sera fourni par des emprunts contractés par l'Annam, gagés par des revenus spéciaux et sûrs, tels que les produits des douanes et de la ferme de l'opium. Sous notre contrôle, cette opération financière deviendra aussi sûre que les emprunts de Madagascar ou de l'Égypte, et nous n'aurons pas besoin d'engager notre propre crédit. N'est-ce pas un peu la situation de l'Angleterre en Égypte ?

Le premier résultat sera de mettre fin à la rébellion permanente dont parle le colonel Frey, rébellion qui vient se greffer sur la piraterie annamite et chinoise, et qui a une cause vraiment patriotique et nationale.

Il ne restera plus que les pirates chinois à combattre. Ce sera l'armée indigène qui en sera chargée, et on n'aura plus à craindre les défections qui proviennent de la haine de l'étranger.

Nous pouvons être certains que l'Annam n'appellera jamais la Chine à son secours, car il ne pourrait ensuite se débarrasser de cet allié. L'éventualité d'une intervention de la Chine est plutôt une arme pour nous, en cas de désaccord avec la cour de Hué.

Il n'y aurait, de cette façon, ni retraite du drapeau, ni abandon du pays, et nous économiserions nos hommes et notre argent.

On a cru apporter un grand argument en faveur du Tonkin, en citant l'Algérie, où la pacification a demandé une trentaine d'années et a enfin été obtenue... relativement. (Se souvenir de 1871.) L'argument se retourne contre ses auteurs.

Sans parler de la salubrité des deux pays, qui est bien différente, de l'éloignement et du climat, qui ne permettront jamais au Tonkin de devenir une colonie de peuplement comme l'Algérie, il faut se rappeler que nous n'avons jamais eu de peuples voisins à y combattre, et que l'Algérie est aux portes de France, presque une de nos provinces aujourd'hui. Or, si sa pacification a demandé, dans de telles conditions, trente années au moins, que demandera donc celle du Tonkin, où nous avons à lutter non seulement contre une partie de la population indigène, qui est de seize millions d'habitants, mais encore contre les infiltrations et l'hostilité d'un empire de quatre cent quatre millions d'habitants?

C'est un sentiment de rivalité qui nous entraîne à nous emparer de quelque colonie, toutes les fois que nous voyons l'Angleterre faire une nouvelle conquête ou procéder à une occupation. Nous commettons là une grande erreur, car l'Angleterre n'est pas du tout dans la même situation que nous.

Il ne suffit pas de prendre des colonies, il faut les

coloniser, ou du moins en tirer commerce ou industrie.

Or, l'Angleterre n'a en perspective aucune guerre européenne et dispose d'une marine marchande et de guerre formidable ; elle a le plus grand commerce du monde et une émigration considérable, — toutes conditions qui lui permettent de se lancer, sans aucun obstacle, dans les conquêtes lointaines.

On répète toujours : « Le Canada et l'Inde prouvent que nous sommes capables de coloniser aussi bien que l'Angleterre. » Ces deux colonies ont été prises, en effet, par nous, mais aux siècles derniers, en même temps que nos vieilles colonies des Antilles et de l'Océan Indien. Nous avions à ce moment un mouvement de population et surtout une émigration de cadets de famille qui fournissaient un contingent énergique de colons. Ce sont eux qui ont fondé ces colonies, restées toujours de langue française, bien que conquises sur nous, depuis, par l'Angleterre.

Nous n'avons plus ces éléments aujourd'hui.

Outre un gouvernement dont les ministres changent continuellement et ne peuvent avoir ni les connaissances nécessaires ni même aucun esprit de suite, comparons notre chiffre d'émigration à ceux de l'Angleterre et de l'Allemagne.

Nos émigrants ne dépassent pas 7.000 à 8.000 environ par an, et se dirigent presque tous sur les États-Unis ou l'Amérique du Sud, se refusant à peupler nos propres colonies. — L'Angleterre a de 200.000 à 250.000 émigrants chaque année ; l'Allemagne 150.000 et plus, qui, faute de colonies allemandes, tentent de germaniser les États-Unis.

Quant à notre commerce, il se borne, dans nos colonies nouvelles, à l'alimentation de nos troupes et de nos fonctionnaires. Nos commerçants et industriels ne se soucient pas d'y fonder des comptoirs ou industries. Ce n'est qu'à la Côte d'Afrique que nous sommes représentés par quelques grandes maisons de commerce, de fondation déjà ancienne.

En ce qui concerne particulièrement le Tonkin, la seule exploitation qui ait été jusqu'à ce jour entreprise, nous semble être celle des mines de charbon. Une occupation aussi coûteuse est-elle justifiée par un tel résultat, et un simple protectorat politique ne serait-il pas suffisant?

Les nations européennes qui se sont adjugé si facilement, sur la carte, d'immenses territoires en Asie et surtout en Afrique, ont-elles prévu les difficultés qui les attendent?

Les vieilles colonies anglaises et hollandaises de l'Inde et de Java font exception par le caractère de leurs populations laborieuses, pacifiques, habituées à la soumission depuis leur origine et dépourvues de tout esprit patriotique et national.

Leurs Rajahs ont renoncé aujourd'hui à la lutte contre l'étranger et n'ont plus d'autres soucis que leur bien-être, leurs revenus et leur tranquillité. Ils trouvent plus commode que les conquérants se chargent des soucis du pouvoir et ils les aident à tenir le pays sous le joug.

Le cas est tout différent en ce qui concerne les Chinois, les peuples de religion musulmane et la plupart des races africaines, qui sont indépendantes et guerrières.

A l'époque où les indigènes étaient armés de flèches et de vieux fusils, rien n'était plus facile que s'emparer de leurs territoires. Aujourd'hui que, grâce au développement des relations commerciales, ils sont munis d'armes perfectionnées, ces conquêtes faites si facilement sur le papier réservent de grosses surprises aux nations européennes. Nous l'avons bien éprouvé à Madagascar et au Tonkin.

L'art militaire est presque impuissant dans ces contrées vierges, dépourvues de routes, couvertes de marais et de forêts impénétrables et insalubres. Le rôle de l'artillerie, ce puissant facteur des armées européennes, est très limité sinon annulé, dès qu'on s'enfonce dans l'intérieur de ces pays. Il n'y a plus d'autre valeur en jeu que celle de l'homme et de son propre armement.

Or, les indigènes sont aujourd'hui munis de fusils perfectionnés. Quant aux hommes que nous avons à combattre, toujours supérieurs en nombre, ils sont acclimatés, souvent fanatiques et très courageux.

Tout cela devrait donner à réfléchir avant de se lancer dans des entreprises lointaines. La situation de la Hollande, tenue en échec depuis vingt années, dans le nord de Sumatra, par une poignée d'Atchinois, est un autre avertissement.

Le moyen le plus efficace qui reste aux Européens de soumettre ces contrées sauvages, en évitant de grands sacrifices d'hommes et d'argent, est la guerre par mer et le blocus.

C'est par le blocus que nous avons amené la Chine à capituler. C'est par là que nous pouvons encore la tenir. Ce sera aussi notre ressource avec les Hovas, à Madagascar. On prétend que, même pour le Dahomey, c'est notre plus sûr moyen d'action.

Quand une nation entre dans le progrès et la civilisation, ce qui lui permet de s'armer, elle devient dépendante de ses nouveaux besoins. Elle a des nécessités d'argent pour payer ses soldats et leur fournir des munitions; elle ne peut y suffire qu'autant que son commerce se fait librement du côté de la mer.

L'Européen, dont la supériorité sur mer restera *toujours* absolue, doit donc concentrer tous ses efforts sur un blocus efficace des ports et des côtes, et il est nécessaire de provoquer, à ce sujet, entre les nations européennes une entente qui est d'un intérêt commun.

La question coloniale divise aujourd'hui les esprit et a presque autant d'adversaires que de partisans, C'est une erreur égale d'être absolument pour ou contre, pas plus qu'on ne doit être entièrement libre-échangiste ou protectionniste.

Une colonie est une véritable *affaire*. Il faut donc l'étudier avant de s'y engager. Notre imprudence a été de prendre toujours ce qui se présentait à nous, sans peser les conséquences qui pouvaient résulter de l'acceptation de traités d'apparence platonique.

Ce n'est que le jour où il a une carte à payer, que le gouvernement songe à étudier la question.

Dans l'avant-propos d'un livre publié en 1889 sur une colonie dont nous nous proposions l'annexion, nous trouvons ces lignes qui ne résument que trop, malheureusement, la situation :

« Il en est et en sera probablement des Nouvelles-Hébrides comme du Tonkin et de Madagascar, qui ont donné naissance depuis quelques années à la fameuse question coloniale. Le ministre d'aujourd'hui, comme ceux d'hier et de demain, se trouvant sans opinion sur les points en litige, attendra d'être amené à s'en faire une par le hasard des circonstances ou les engouements du sentiment public. Comment en userait-il autrement? Il ne pouvait étudier utilement la question avant d'être au Ministère et quand il commencera à la connaître, ce sera pour lui le moment de quitter le pouvoir. Il sera donc, par la force des choses même, poussé dans une voie qu'il n'aura pas choisie et d'où il ne sortira pas à son gré.

» Quant au Parlement, il s'en rapportera à son ministre et prendra sa part d'une responsabilité dont il croira se dégager suffisamment en renversant le Cabinet, si l'affaire vient à mal tourner. »

Ceux qui détiennent le pouvoir et en ont toutes les prérogatives échappent, grâce à notre parlementarisme, à toutes les responsabilités des fautes qu'ils commettent.

Il s'agit aujourd'hui de réparer les imprudences commises au Tonkin en organisant notre protectorat comme nous l'avons exposé, de façon qu'il ne nous coûte ni hommes ni argent.

ED. IMHAUS.

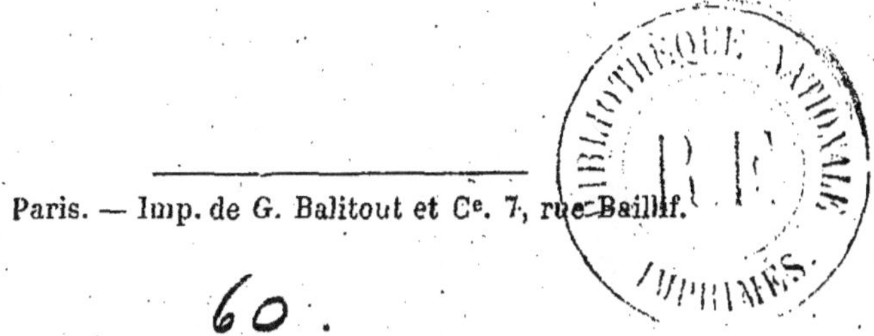

Paris. — Imp. de G. Balitout et Cᵉ. 7, rue Baillif.

www.ingramcontent.com/pod-product-compliance
Lightning Source LLC
LaVergne TN
LVHW050300030726
842520LV00006B/2490